LEKTÜRE
LATEIN

Apollonius – eine antike Soap?

Texte mit Anmerkungen und Zusatzmaterial
bearbeitet von Ina Rogge und Kirsten Baum

STARK

Umschlagbild
© Museo Archeologico Nazionale, Neapel

ISBN 978-3-89449-716-3

aktualisierte Auflage
www.stark-verlag.de
1. Auflage 2004

Apollonius – eine antike Soap?

Einführung

Überlieferung und Rezeption

Bei der *Historia Apollonii regis Tyri* handelt es sich um einen spätantiken Roman[1] aus dem 3. Jahrhundert n. Chr., der in den *Gesta Romanorum*, einer am Ende des 13. Jahrhunderts zusammengestellten Sammlung unterschiedlicher Erzählungen in lateinischer Sprache, enthalten war. Der Verfasser ist unbekannt.

Zunächst war der vorchristliche Roman in Griechisch verfasst, erst im 5./6. Jahrhundert n. Chr. wurde er wahrscheinlich ins Lateinische übertragen. Heute liegen nur spätere Fassungen aus dem 9. Jahrhundert vor, das Original ist nicht mehr erhalten, sodass man in dem vorliegenden Text auch christliche Interpretationen findet.

Die Schauplätze im Roman wechseln, immer wieder begibt Apollonius sich aufgrund persönlicher Schicksalsschläge auf Reisen. Hauptsächlich spielt sich die Handlung jedoch im östlichen Mittelmeerraum, im Vorderen Orient und Ägypten (Antiochia, Tyrus, Tarsus, Kyrene, Ephesus, Mytilene) ab.

Im Laufe der Zeit gab es eine Vielzahl von Rezeptionen des Romans, u. a. das Werk *Pericles, Prince of Tyre* von William Shakespeare und zahlreiche christliche Bearbeitungen.

1 Den Begriff „Roman" gab es in der Antike noch nicht; was wir als Roman bezeichnen, nannte man z. B. *historia, mythos* oder *fabula.*

Texte

1 Verbotene Liebe

Text 1 Historia Apollonii regis Tyri, 1

Bevor der Roman auf das Schicksal der Titelfigur Apollonius eingeht, beschreibt er die Verhältnisse in Antiochia:

(1) In civitate Antiochia rex fuit quidam nomine Antiochus[1],
a quo ipsa civitas nomen accepit Antiochia.
Is habuit unam filiam, virginem speciosissimam,
in qua nihil rerum natura exerraverat,
nisi quod mortalem statuerat.
Quae dum ad nubilem pervenisset aetatem
et species et formositas cresceret,
multi eam in matrimonium petebant
et cum magna dotis pollicitatione currebant.
Et cum pater deliberaret,
cui potissimum filiam suam in matrimonium daret,
cogente iniqua cupiditate flamma concupiscentiae incidit
in amorem filiae suae et coepit eam aliter diligere
quam patrem oportebat.
Qui cum luctatur cum furore,
pugnat cum dolore, vincitur amore;
excidit illi pietas, oblitus est se esse patrem et induit coniugem.

speciosus, -a, -um	schön, hübsch
exerrare, -erro, -erravi	etw. falsch machen, einen Irrtum begehen
nisi quod	außer dass
mortalis, -is , -e	sterblich
statuere, statuo, statui, statutum	festsetzen, schaffen
ad nubilem aetatem pervenire	ins heiratsfähige Alter kommen
formositas, -atis, *f.*	Schönheit
in matrimonium petere	*(eine Frau)* heiraten wollen
dos, dotis, *f.*	Mitgift
pollicitatio, -onis, *f.*	Zusage, Versprechen
potissimum	am besten
iniquus, -a, -um	zu groß, unrecht
concupiscentia, -ae, *f.*	Leidenschaft
luctari, luctor, luctatus sum	ringen
furor, -oris, *m.*	Begierde, Leidenschaft
excidere, excido, excidi	entschwinden, verloren gehen
oblivisci, obliviscor, oblitus sum	vergessen
coniugem induere	die Rolle eines Gatten annehmen

Sed cum sui pectoris vulnus ferre non posset,
quadam die prima luce vigilans irrumpit cubiculum filiae suae,
famulos longe excedere iussit,
quasi cum filia secretum colloquium habiturus,
et stimulante furore libidinis diu repugnanti filiae suae
nodum virginitatis eripuit, perfectoque scelere evasit cubiculum.
Puella vero stans dum miratur scelesti patris impietatem,
fluentem sanguinem coepit celare:
sed guttae sanguinis in pavimento ceciderunt.

Cliffhanger = plötzlicher Schluss ohne Plan wie es weitergeht.

Arbeitsaufträge

1. Suche aus allen Hauptsätzen des ersten Abschnitts die Subjekte, Prädikate und Akkusativobjekte heraus und gib mithilfe der herausgesuchten Worte kurz den Inhalt des Abschnittes wieder!
2. Wie könnte sich die Beziehung zwischen Vater und Tochter entwickeln? Verfasse eine Fortsetzung!
3. Im Text wird betont, dass der Vater seine *pietas* verloren hat und dass die Tochter sich über die *impietas* des Vaters wundert.
   a) Arbeite mithilfe von Wörterbüchern heraus, welche Bedeutung *pietas* in der Antike hatte!
   b) Definiere *pietas* im vorliegenden Romanauszug und suche eine treffende Übersetzung!
4. Untersuche die Darstellung der Verwandlung des Vaters stilistisch!

cubiculum, -i, *n.*	Schlafzimmer
stimulare, stimulo, stimulavi, stimulatum	antreiben
repugnare, -pugno, -pugnavi, -pugnatum	sich wehren
nodus virginitatis	Unschuld, Jungfräulichkeit
mirari, miror, miratus sum	sich wundern
celare, celo, celavi, celatum	verheimlichen, verdecken
gutta, -ae, *f.*	Tropfen
pavimentum, -i, *n.*	Estrich, Boden

Anmerkungen

1 *Antiochus:* evt. Antiochus I. (324–262 v. Chr.), der seine Stiefmutter Stratonike heiratete.

2 Jekyll and Hyde – zwei Seiten eines Vaters

Text 2 Historia Apollonii regis Tyri, 3

Als die Amme das Zimmer des Mädchens betritt, vertraut sich dieses ihr an. Als einzige Lösung des Dilemmas sieht das Mädchen die Selbsttötung. Doch die Amme kann es durch freundliches Zureden vom Selbstmord abhalten. Und das Leben in Antiochia geht unverändert weiter …

(3) Qui cum simulata mente ostendebat se civibus suis
pium genitorem, intra domesticos vero parietes
maritum se filiae gloriabatur.
Et ut semper impio toro frueretur,
ad expellendos nuptiarum petitores quaestiones proponebat
dicens:
„Quicumque vestrum quaestionis meae propositae solutionem
invenerit, accipiet filiam meam in matrimonium,
qui autem non invenerit, decollabitur."
Et si quis forte prudentia litterarum quaestionis solutionem
invenisset, quasi nihil dixisset, decollabatur
et caput eius super portae fastigium suspendebatur.
Atqui plurimi undique reges,
undique patriae principes propter incredibilem puellae speciem
contempta morte properabant.

simulare, simulo, simulavi, simulatum	sich den Schein geben, verstellen
mens, mentis, *f.*	Wesen, Geist
genitor, -oris, *m.*	= pater
domesticus, -a, -um	heimisch, häuslich
paries, -etis, *m.*	Wand
se gloriari, glorior, gloriatus sum	sich rühmen
torus, -i, *m.*	Ehebett, Beischlaf
frui, fruor (*m. Abl.*)	(etw.) genießen
expellere, -pello, -pulsi, -pulsum	vertreiben
petitor nuptiarum	Freier
quaestio, -ionis, *f.*	Rätsel
solutio, -onis, *f.*	Lösung
decollare, -collo, -collavi, -collatum	köpfen
forte	zufällig
prudentia litterarum	Bildung, Belesenheit
fastigium, -i, *n.*	Giebel
suspendere, -pendo, -pendi, -pensum	aufhängen
atqui	und doch
contemnere, -temno, -tempsi, -temptum	verachten

Arbeitsaufträge

1. Bestimme *ad expellendos nuptiarum petitores!*
2. Welche Absicht verfolgt König Antiochus mit diesem Vorgehen den Verehrern seiner Tochter gegenüber?

¶ Hie nach beſchlieff Antiochus den man nent Seleucus ſein leyblich tochter/über iren willen·

Holzschnitt aus „Apollonius von Tyrus“, der ersten Übertragung des Apolloniusstoffs ins Deutsche (Heinrich Steinhöwel 1461), Herzog August Bibliothek Wolfenbüttel

„Verbotene Liebe" (17.55 Uhr im Ersten), Folge 2300 am 24. 09. 04: Leonard (Lars Korten, l.) und seine Stiefmutter Cécile (Yvonne Burbach, r.): große Liebe ohne Chance. (Bild: ARD / Anja Glitsch)

Verbotene Liebe

Die Idee zur Serie „Verbotenen Liebe" stammt aus Australien, wo „Sons and Daughters" bereits 1982 anlief, eine Geschichte um die innige Beziehung getrennt voneinander aufgewachsener Zwillinge.

Die ARD machte nach einer grundlegenden Bearbeitung des Konzepts die Liebesgeschichte von Jan und Julia zum Markenzeichen der Serie. Von der ersten Szene der „Verbotenen Liebe", die am 21. 1. 1995 auf den Bildschirm kam, war für die Zuschauer klar, dass Jan und Julia zusammengehören. Man fragte sich: Die beiden werden doch nicht Geschwister sein? Was ist, wenn sie es erfahren? Und was, wenn sie es nicht erfahren? Über zweieinhalb Jahre und rund 500 Folgen fieberte das Publikum mit den beiden Figuren mit, deren Anziehungskraft stärker war als ein Tabu.

3 Des Rätsels Lösung

Text 3 Historia Apollonii regis Tyri, 4 f.

(4) Et cum has crudelitates rex Antiochus exerceret,
quidam adulescens locuples valde, genere Tyrius,
nomine Apollonius, navigans attingit Antiochiam,
ingressusque ad regem ita eum salutavit:
„Ave, domine rex Antioche!
Et quod pater pius es, ad vota tua festinus perveni;
regio genere ortus peto filiam tuam in matrimonium."
Rex ut audivit quod audire nolebat,
irato vultu respiciens iuvenem sic ait ad eum:
„Iuvenis, nosti nuptiarum condicionem?"
At ille ait: „Novi et ad portae fastigium vidi."
Rex ait: „Audi ergo quaestionem: scelere vehor,
materna carne vescor, quaero fratrem meum, meae matris virum,
uxoris meae filium et non invenio."
Iuvenis accepta quaestione paululum discessit a rege;
quam cum sapienter scrutaretur, favente deo invenit
quaestionis solutionem ingressusque ad regem sic ait:
„Domine rex, proposuisti mihi quaestionem;
audi ergo solutionem.
Quod dixisti: ‚scelere vehor', non es mentitus: te respice.
Et quod dixisti: ‚materna carne vescor', nec et hoc mentitus es:
filiam tuam intuere."

exercere, -eo, -ui, -itum	ausüben, betreiben, umhertreiben
locuples, -etis	wohlhabend
genere Tyrius	*hier:* aus Tyrus
attingere, -tingo, -tigi, -tactum	erreichen, betreten
ingredi, ingredior, ingressus sum	hineingehen, betreten
festinus, -a, -um	eilend, hastig
pervenire, -venio, -veni, -ventum	gelangen, (hin-)kommen
oriri, orior, ortus sum	sich erheben, aufgehen, entspringen
in matrimonium petere	(eine Frau) heiraten wollen
respicere, -spicio, -spexi, -spectum	zurückschauen, (hinter sich) erblicken
nosti	= novisti
nuptiae, -arum, *f.*	Hochzeit, Ehe
fastigium, -i, *n.*	Erhebung, Spitze, Giebel
quaestio, -ionis, *f.*	*hier:* Rätsel(frage)
vehere, veho, vexi, vectum	ziehen, fahren, bewegen
caro, carnis, *f.*	Fleisch
vesci, vescor *(m. Abl.)*	leben von, sich nähren von
paululum *(Adv.)*	ein wenig
scrutari, scrutor, scrutatus sum	durchsuchen, untersuchen
mentiri, mentior, mentitus sum	lügen
intueri, intueor, intuitus sum	betrachten, ansehen

(5) Rex ut vidit iuvenem quaestionis solutionem invenisse,
sic ait ad eum: „Erras, iuvenis, nihil verum dicis.
Decollari quidem mereberis, sed habes triginta dierum spatium:
recogita tecum. Et dum reversus fueris et quaestionis meae
propositae solutionem inveneris,
accipies filiam meam in matrimonium."
Iuvenis conturbatum habebat animum
paratamque habens navem tendit ad patriam suam Tyrum.

Dominic Saleh-Zaki als Andi Fritzsche aus der ARD-Serie „Verbotene Liebe"
(© cinetext/JH)

decollare, decollo, -avi, -atum	enthaupten
spatium, -i, *n.*	*hier:* Zeit
conturbatum animum habere	verwirrt sein
navem tendere	ein Schiff besteigen

Arbeitsaufträge

1. a) Erstelle vor der Übersetzung eine kurze Charakterisierung des Apollonius! Belege deine Aussagen mit lateinischen Textzitaten!
   b) Handelt es sich bei Apollonius um eine typische Soap-Hauptfigur? Vergleiche seine Beschreibung mit derjenigen der männlichen Hauptfigur im Text „Du bist mein Star"!
2. Erläutere den Inhalt des Rätsels:
   a) Welche Tatsache umschreibt der König in seinem Rätsel?
   b) Inwiefern lassen sich die verschiedenen Aussagen des Rätsels zu einem Ganzen zusammenfügen?

3. a) Beschreibe die Reaktion des Königs auf die Lösung des Rätsels und bewerte sie: Ist seine Reaktion, gemessen an seiner vorangegangenen Handlungsweise, nachvollziehbar?
   b) Was hat Apollonius vom König zu erwarten?
4. Welche Reaktion wird die Bezeichnung *pius pater*, die Apollonius auf König Antiochus anwendet, beim Leser auslösen? Begründe deine Erwartung!

M 6 Du bist mein Star – Auszug aus einem Heftroman

Alessia ist verzweifelt: Die Männer sehen in ihr nur das zerbrechliche, sanftmütige Wesen. Doch sie will mehr. Sie fährt nach Rom, wo sie den mysteriösen Straßenmusiker Jack trifft. Hals über Kopf verliebt sie sich in ihn.

Sie drängelte sich nach vorne. Dort stand ein junger Mann, groß, mit sportlicher Figur, in abgerissenen Jeans und einem ärmellosen weißen T-Shirt. Seine Arme waren braungebrannt. Seine Füße steckten in ausgetretenen Turnschuhen. Von seinem Gesicht war nicht viel zu sehen, denn ein safaribrauner Schlapphut bedeckte seine Augen. Der Rest des Gesichts war von einer schulterlangen, ungekämmten schwarzen Mähne verdeckt. Seine Hände aber faszinierten sie auf Anhieb. Lang und feingliedrig tanzten seine Finger über die Flöte. Er war kein Profi, das konnte Alessia beurteilen. Aber er spielte seine einfachen Melodien mit so viel Hingabe, dass Alessia ihre

Reisetasche fallen ließ. Sie setzte sich in die erste Reihe, neben die anderen Zuhörer auf den Asphalt. (...)
Der Musiker sah auf und ihre Blicke trafen sich. Es war, als schaute er mit seinen dunklen, geheimnisvollen Augen mitten in ihre Seele. Sie spürte, wie das Blut in ihre Wangen schoss und ihr ganzer Körper in Aufruhr geriet. Dann lächelte er! Ein Lächeln, das unschuldig und zugleich schelmisch war. Und das Alessia mitten ins Herz traf. (...)
Sie schloss die Augen und sah ihn vor sich. Diese Augen! Die feine, ausdrucksstarke Mimik. Auch wenn sie nicht wusste, woher er kam und wohin er ging: Er war ein sensibler Mann mit reichem Gefühlsleben, das in jeder Nuance in seinem Gesicht abzulesen war. Als wäre er ein Schauspieler. Wo hatte sie das Gesicht nur schon einmal gesehen?

Laura Saunders: Du bist mein Star! Jill Glamour © by Panini Verlags GmbH Stuttgart, 2003, S. 8 f., 14

4 Ein Held auf Irrwegen

Text 4 Historia Apollonii regis Tyri, 12

Bestürzt fährt Apollonius wieder zurück nach Tyrus. Als er dort erkennt, dass seine Lösung des Rätsels richtig war, und er den Plan des Antiochus durchschaut, ihn in der gegebenen Frist zu töten, beschafft er sich Proviant, Gold und Silber. Damit belädt er einige Schiffe, nimmt wenige Diener mit und flieht nachts aus der Stadt. Auf seinen Spuren ist jedoch Taliarchus, ein Diener von Antiochus, ausgesandt, um Apollonius zu töten. Als er in Tyrus von der Flucht des Apollonius hört, fährt er zurück nach Antiochia und berichtet es seinem König; dieser setzt ein Kopfgeld auf Apollonius aus.

Apollonius trifft auf seiner Flucht sehr unterschiedliche Menschen, teils warnen sie ihn, teils gewähren sie ihm sogar Unterkunft, wie z.B. Stranguillio in Tarsus. Nach kurzer Zeit dort beschließt Apollonius jedoch, zur Pentapolis der Kyrenäer zu fahren, um sich dort zu verstecken. Doch auf der Fahrt dorthin gerät er in einen Sturm und erleidet Schiffsbruch …

(12) In illa vero caligine tempestatis omnes perierunt.
Apollonius vero solus tabulae beneficio in Pentapolitarum[1] est
litore pulsus. Stans Apollonius in litore nudus,
intuens tranquillum mare ait:

Darstellung eines Schiffbruchs auf einem römischen Sarkophag

caligo, -inis, *f.*	Elend, Dunkelheit
tempestas, -atis, *f.*	Sturm, Unwetter
tabula, -ae, *f.*	Tafel aus Holz, *hier:* Brett
beneficium, -ii, *n.*	Dienst, Hilfe
litus, -oris, n.	Strand, Küste
tranquillus, -a, -um	ruhig

„O Neptune, rector pelagi, hominum deceptor innocentium,
propter hoc me reservasti egenum et pauperem,
quo facilius rex crudelissimus Antiochus persequeretur!
Quo itaque ibo? Quam partem petam?
Vel quis ignoto vitae dabit auxilium?"
Et cum sibimet ipsi increparet, subito animadvertens vidit
quendam grandaevum, sago sordido circumdatum.
Et prosternens se illius ad pedes effusis lacrimis ait:
„Miserere mei, quicumque es,
succurre naufrago et egeno, non humilibus natalibus orto!
Et ut scias, cuius miserearis,
ego sum Tyrius Apollonius, patriae meae princeps.
Audi nunc tragoediam calamitatis meae,
qui modo genibus tuis provolutus deprecor vitae auxilium.
Praesta mihi ut vivam."
Itaque piscator, ut vidit primam speciem iuvenis,
misericordia motus erigit eum et tenens manum eius
duxit eum intra tecta parietum domus suae,
et posuit epulas quas potuit.
Et ut plenius misericordiae suae satisfaceret,
exuens se tribunarium suum scindit eum in duas partes
aequaliter et dedit unam iuveni dicens:
„Tolle hoc quod habeo et vade in civitatem:
forsitan invenies, qui tibi misereatur.

rector, -oris, *m.*	Beherrscher
pelagus, -i, *n.*	Meer
deceptor, -oris, *m.*	Betrüger
reservare	= servare
egenus, -a, -um	bedürftig, arm
quo facilius	damit um so leichter
pars, partis, *f.*	*hier*: Richtung
sibimet	= sibi
increpare, -crepo, -crepui, -crepitum	vor sich hinschimpfen, Vorwürfe machen
grandaevus, -a, -um	hochbetagt, sehr alt
sagum, -i, *n.*	Umhang, Mantel
prosternere se ad pedes alicuius	sich jmdm. zu Füßen werfen
misereri, misereor, miseritus sum	sich erbarmen, Mitleid haben
succurrere, -curro, -curri, -cursum	zu Hilfe eilen, helfen
naufragus, -i, *m.*	Schiffbrüchiger
genibus provolvere	vor jmds. Knien niederfallen
praestare, praesto, praestiti	erweisen, leisten, geben
piscator, -oris, *m.*	Fischer
primus, -a, -m	*hier:* hervorragend, vornehm
erigere, erigo, erexi, erectum	aufrichten
paries, -etis, *m.*	Wand
epulae, -arum, *f.*	= cena
plenius … satisfacere	völlig gerecht werden, vollständig Genüge leisten
exuere, exui, exutum	ausziehen
tribunarium, -ii, *m.*	schäbiger Mantel
scindere, scindo, scidi, scissum	zerreißen
forsitan	= fortasse

Et si non inveneris,
huc revertere et mecum laborabis et piscaberis:
paupertas quaecumque est sufficiet nobis.
Illud tamen admoneo te,
ut si quando deo favente redditus fueris natalibus tuis,
et tu respicias tribulationem paupertatis meae."
Cui Apollonius ait: „Nisi meminero tui,
iterum naufragium patiar nec tui similem inveniam!"

Arbeitsaufträge

1. Ordne die folgenden Bilder und verfasse mit ihrer Hilfe eine Fortsetzung zu dem bisher Gelesenen!
2. Erschließe den Text vor, indem du aus dem Text zu den Bildern passende Textstellen suchst! Begründe deine Zuordnung!
3. Sammelt in Partnerarbeit noch offen bleibende Fragen!
4. Charakterisiere den Fischer!
5. Informiere dich in der Bibliothek oder im Internet über Odysseus und vergleiche seine Irrfahrten mit denen von Apollonius! Bereite einen Kurzvortrag zu deinen Ergebnissen vor!

piscari vever[redacted]!	= *Verb zu* piscator zurückkehren
sufficere, -ficio, -feci, -fectum	genügen
tribulatio, -onis, *f.*	Not

Anmerkung

1 *Pentapolis:* Fünfstadt, nach ihren fünf Hauptstädten Apollonia, Ptolemais, Arsinoe, Berenice, Cyrene benanntes Gebiet am libyschen Meer

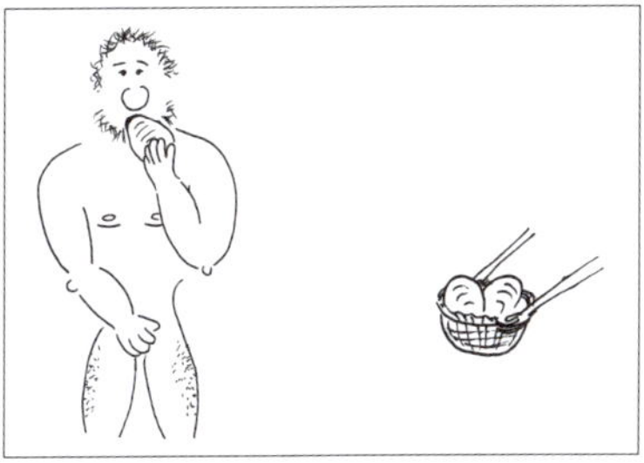

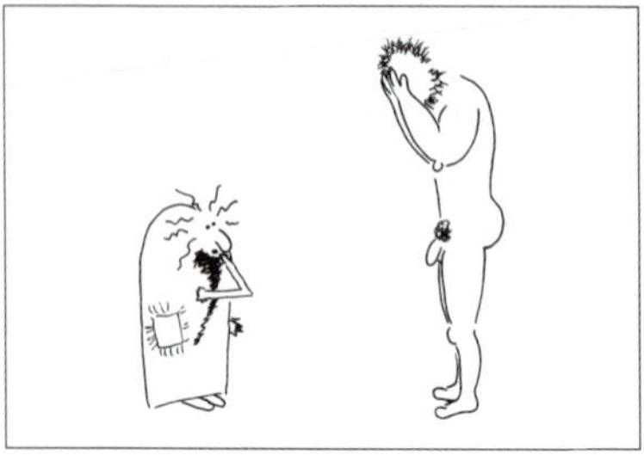

4

1

5

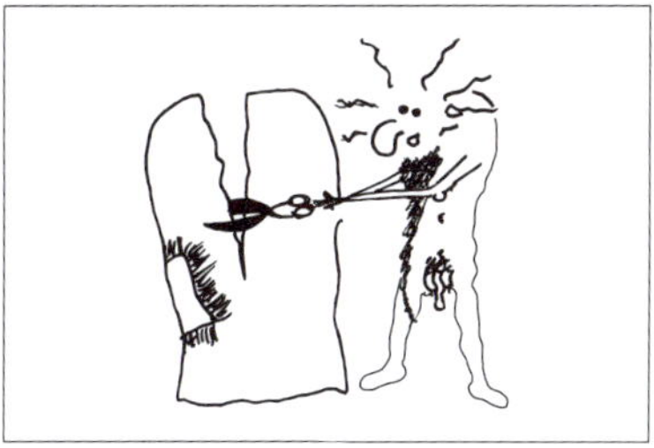

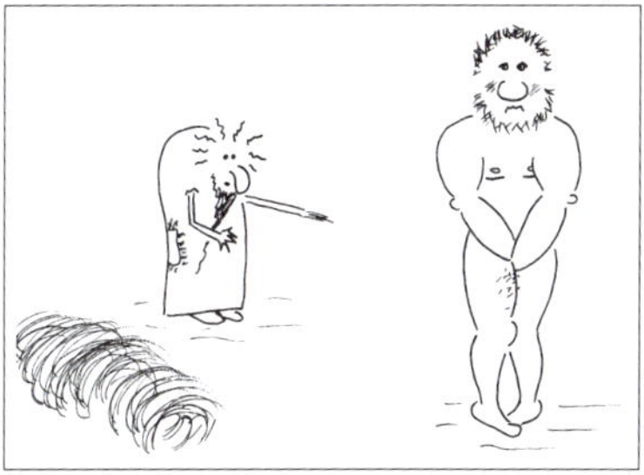

Maren Weiland

5 Der geheimnisvolle Fremde

Text 5 Historia Apollonii regis Tyri, 15 f.

Nach diesen Worten verlässt Apollonius den Fischer und macht sich auf den Weg in die Stadt. Als er hört, dass der Turnplatz geöffnet ist, geht er dorthin, badet und sucht einen ihm ebenbürtigen Turnpartner. Zur gleichen Zeit befindet sich der König Archistrates auf dem Platz, dem die Geschicklichkeit des Apollonius auffällt und der ihn deshalb zum Essen einlädt. Im Hause des Königs erhält Apollonius neue Kleidung, Essen und Zuspruch vom König, der dessen trauriges Schicksal erahnt:

(15) Et dum hortaretur iuvenem, subito introivit filia regis
speciosa micans atque auro fulgens, iam adulta virgo;
dedit osculum patri, post haec discumbentibus omnibus amicis.
Quae dum oscularetur, pervenit ad naufragum.
Retrorsum rediit ad patrem et ait: „Bone rex et pater optime,
quis est hic iuvenis, qui contra te in honorato loco
discumbit et nescio quid flebili vultu dolet?“
Cui rex ait: „Hic iuvenis naufragus est et in gymnasio mihi
servitium gratissime fecit; propter quod ad cenam illum invitavi.
Quis autem sit aut unde, nescio.
Sed si vis, interroga illum; decet enim te, filia sapientissima,
omnia nosse. Et forsitan, dum cognoveris, misereberis illius.“
Hortante igitur patre verecundissimo sermone interrogatur
a puella Apollonius; et accedens ad eum ait:

hortari, hortor, hortatus sum	ermuntern, auffordern
introire, introeo, introii, introitum	hineingehen, eintreten
speciosus, -a, -um	schön
micare, mico, micui	funkeln, blitzen
fulgere, fulgeo, fulsi	blitzen, glänzen
adultus, -a, -um	erwachsen
osculum, -i, *n.*	Kuss
discumbere, -cumbo, -cubui, -cubitum	sich zu Tisch legen, zu Tisch liegen
osculari, osculor, osculatus sum	küssen
naufragus, -a, -um	schiffbrüchig, Schiffbrüchige(r)
retrorsum	zurück, rückwärts
contra	*hier:* gegenüber
honoratus, -a, -um	geehrt, Ehren-
nescio quid	irgend etwas
flebilis, -is, -e	klagend, weinend, kläglich
gymnasium, -i, *n.*	Sportplatz
servitium facere	einen Dienst erweisen
propter quod	deswegen

nosse	= novisse
forsitan	= fortasse
dum	*hier:* wenn
misereri, misereor, miseritus sum *(m. Gen.)*	sich erbarmen, Mitleid haben mit
verecundus, -a, -um	zurückhaltend, schüchtern

„Licet taciturnitas tua sit tristior,
generositas autem tuam nobilitatem ostendit.
Sed si tibi molestum non est, indica mihi nomen et casus tuos."
Apollonius ait: „Si nomen quaeris, Apollonius sum vocatus;
si de thesauro quaeris, in mari perdidi."
Puella ait: „Apertius indica mihi, ut intellegam."
(16) Apollonius vero universos casus suos exposuit
et finito sermone lacrimas effundere coepit.
Quem ut vidit rex flentem, respiciens filiam suam ait:
„Nata dulcis, peccasti, quod dum eius nomen
et casus adulescentis agnosceres, veteres ei renovasti dolores.
Ergo, dulcis et sapiens filia, ex quo agnovisti veritatem,
iustum est, ut ei liberalitatem tuam quasi regina ostendas."
Puella vero respiciens Apollonium ait:
„Iam noster es, iuvenis, depone maerorem;
et quia permittit indulgentia patris mei, locupletabo te."
Apollonius vero cum gemitu egit gratias.
Rex vero videns tantam bonitatem filiae suae valde gavisus est
et ait ad eam: „Nata dulcis, me salvum habeas.
Iube tibi afferre lyram et aufer iuveni lacrimas,
et exhilara ad convivium."

licet *(m. Konj.)*	wenn auch, obgleich
taciturnitas, -tatis, *f.*	Schweigsamkkeit, Stillschweigen
generositas, -tatis, *f.*	edle Art, edles Aussehen
nobilitas, -tatis, *f.*	Adel, edle Herkunft, Vortrefflichkeit
ostendere, -tendo, -tendi, -tentum	zeigen, verraten
indicare, indico, -avi, -atum	(an)zeigen, verraten
thesaurus, -i, *m.*	Schatz, Vermögen, Besitz
lacrima, -ae, *f.*	Träne
lacrimas effundere	weinen
incipere, incipio, coepi, inceptum	beginnen, anfangen
peccare, pecco, -avi, -atum	einen Fehler machen
peccasti	= peccavisti
vetus, veteris	alt
maeror, -oris, *m.*	Trauer, Betrübnis
indulgentia, -ae, *f.*	Nachsicht, Güte
locupletare, locupleto, -avi, -atum	reich beschenken
gemitus, -us, *m.*	Seufzen
me salvum habeas	du sollst meinen Segen haben
auferre, aufero, abstuli, ablatum	wegtragen, wegnehmen
exhilare, exhilaro, -avi, -atum	aufheitern
convivium, -i, *n.*	Gastmahl

Arbeitsaufträge

1. Lest euch den Text sorgfältig durch. Unterstreicht die Informationen, die die Königstochter nach und nach über den Fremden erhält, und notiert in eigenen Worten, was die Prinzessin herausfindet!
   Entwerft in Gruppen eine möglichst einprägsame Präsentation der Ergebnisse auf Folie und ergänzt diese durch euer Wissen!
2. Beschreibe das Verhalten des Vaters in diesem Textabschnitt gegenüber seiner Tochter! Zeige Parallelen und Unterschiede zwischen ihm und König Antiochus auf!

Porträt eines römischen Mädchens.
(© Liebieghaus Frankfurt, Museum alter Plastik)

6 Entscheidung aus Liebe

Text 6 Historia Apollonii regis Tyri, 18–21

Beim Spiel der Königstochter geraten alle ins Staunen, nur Apollonius schweigt. Darauf vom König angesprochen sagt er: „Deine Tochter kennt zwar die Musik, aber sie ist in ihr noch nicht wirklich erfahren." Und er selbst lässt sich die Laute geben und fasziniert mit seinem Spiel alle Anwesenden. Die Königstochter wird von Liebe übermannt und bittet ihren Vater, Apollonius mit Kleidung, Gold und Silber zu versorgen. Sie setzt es sogar durch, dass Apollonius im Palast bleiben darf und ihr Musiklehrer wird.

(18) Interposito brevi temporis spatio cum non posset puella
ulla ratione vulnus amoris tolerare,
in multa infirmitate membra prostravit fluxa,
et coepit iacere imbecillis in toro.
Rex ut vidit filiam subitaneam valetudinem incurrisse,
sollicitus adhibet medicos.
Qui venientes temptant venas, tangunt singulas corporis partes,
nec omnino inveniunt aegritudinis causas.
(19) Rex autem post paucos dies tenens Apollonium manu
forum petit et cum eo deambulavit.
Iuvenes scolastici tres nobilissimi, qui per longum tempus
filiam eius petebant in matrimonium,
pariter omnes una voce salutaverunt eum.

interposito brevi temporis spatio	nach kurzer Zeit
tolerare, tolero, toleravi, toleratum	aushalten
infirmitas, -atis, *f.*	Schwäche
membra prosternere, -sterno, -stravi, -stratum	sich niederlegen, die Glieder hinstrecken
fluxus, -a, -um	schlaff (herabhängend)
imbecillis, -e	schwach, ohnmächtig
subitaneam valetudinem incurrere	plötzlich krank werden
venas temptare	den Puls fühlen
tangere, tango, tetigi, tactum	berühren
singuli, -ae, -a	einzeln
aegritudo, -inis, *f.*	Unwohlsein, Krankheit
deambulare, deambulo, -avi, -atum	spazierengehen
scolasticus, -i, *m.*	*hier:* Student
pariter	gleichzeitig
una voce	(wie) im Chor

Quos videns rex subridens ait illis:
„Quid est hoc quod una voce me pariter salutastis?“
Unus ex ipsis ait: „Petentibus nobis filiam tuam
in matrimonium tu saepius nos differendo fatigas:
Propter quod hodie una simul venimus.
Elige ex nobis, quem vis habere generum.“
Rex ait: „Non apto tempore me interpellastis;
filia enim mea studiis vacat
et prae amore studiorum imbecillis iacet.
Sed ne videar vos diutius differre,
scribite in codicillos nomina vestra et dotis quantitatem;
et dirigo ipsos codicillos filiae meae,
et illa sibi eligat, quem voluerit habere maritum.“
Illi tres itaque iuvenes scripserunt nomina sua et dotis
quantitatem. Rex accepit codicillos anuloque suo signavit
datque Apollonio dicens: „Tolle, magister,
praeter tui contumeliam hos codicillos et perfer discipulae
tuae: hic enim locus te desiderat.“
(20) Apollonius acceptis codicillis pergit domum regiam
et introivit cubiculum tradiditque codicillos.
Puella patris agnovit signaculum.
Quae ad amores suos sic ait:
„Quid est, magister, quod sic singularis cubiculum introisti?“

subridere, -rideo, -risi, -risum	lächeln
salutastis	= salutavistis
fatigare, fatigo, fatigavi, fatigatum	ermüden, quälen
una *(Adv.)*	zusammen
eligere, eligo, elegi, electum	auswählen
gener, -eri, *m.*	Schwiegersohn
aptus, -a, -um	passend
interpellare, -pello, -pellavi, -pellatum	mit Fragen bestürmen, stören
differre, differo, distuli, dilatum	vertrösten, verschieben
codicillus, -i, *m.*	Schreibtäfelchen, Brief
quantitas, -atis, *f.*	Größe, Umfang
dirigere, dirigo, direxi, directum	weiterleiten, hinlenken
anulus, -i, *m.*	Siegelring
signare, signo, signavi, signatum	versiegeln, mit einem Zeichen versehen
contumelia, -ae, *f.*	Beleidigung
perferre, -fero, -tuli, -latum	überbringen, übergeben, hinbringen
hic locus te desiderat	diese Lage verlangt deinen Einsatz
pergere, pergo, perrexi, perrectum	sich aufmachen
agnoscere, agnosco, agnovi, agnitum	erkennen
signaculum, -i, *n.*	Siegel
singularis, -e	einzeln, allein

Cui Apollonius respondit:
„Domina, es nondum mulier et male habes!
Sed potius accipe codicillos patris tui
et lege trium nomina petitorum."
Puella vero reserato codicillo legit, perlectoque
nomen ibidem non legit, quem volebat et amabat.
Et respiciens Apollonium ait: „Magister Apolloni,
ita tibi non dolet, quod ego nubam?"
Apollonius dixit: „Immo gratulor,
quod abundantia horum studiorum docta et a me patefacta,
deo volente et cui animus tuus desiderat nubes."
Cui puella ait: „Magister, si amares,
utique doleres tuam doctrinam."
Et scripsit codicillos et signatos suo anulo iuveni tradidit.
Pertulit Apollonius in forum tradiditque regi.
Accepto codicillo rex resignavit et aperuit illum.
In quibus rescripserat filia sua: „Bone rex et pater optime,
quoniam clementiae tuae indulgentia permittis mihi, dicam:
Illum volo coniugem, naufragio patrimonio deceptum.
Et si miraris, pater, quod tam pudica virgo tam impudenter
scripserim: Per ceram mandavi, quae pudorem non habet.

male habere	krank sein
reserare, resero, -avi, -atum	öffnen, entsiegeln
perlegere, -lego, -legi, -lectum	durchlesen
ibidem *(Adv.)*	(eben)dort
nubere, nubo, nupsi, nuptum	*(einen Mann)* heiraten
abundantia, -ae, *f.*	Vielzahl, Überfluss
patefacere, -facio, -feci, -factum	(er-)öffnen, enthüllen
utique *(Adv.)*	durchaus
doctrina, -ae, *f.*	Lehre, Unterricht, Aussage
resignare, resigno, -signavi, -signatum	entsiegeln, öffnen
patrimonium, -i, *n.*	Erbgut, Vermögen
decipere, -cipio, -cepi, -ceptum	betrügen, täuschen
impudens, -ntis	schamlos, offen
cera, -ae, *f.*	Wachs
mandare, mando, -avi, -atum	anvertrauen, übergeben

(21) Et perlectis codicillis rex ignorans,
quem naufragum diceret, respiciens illos tres iuvenes,
qui nomina sua scripserant vel qui dotem
in illis codicellis designaverant, ait illis:
„Quis vestrum naufragium fecit?"
Unus vero ex his Ardalion nomine dixit: „Ego."
Alius ait: „Tace, morbus te consumit nec salvus es!
Cum scio te coaetaneum meum et mecum litteris eruditum,
et portam civitatis numquam existi!
Ubi ergo naufragium fecisti?"
Et cum rex non inveniret, quis eorum naufragium fecisset,
respiciens Apollonium ait:
„Tolle, magister Apolloni, hos codicillos et lege.
Potest enim fieri ut, quod ego non inveni, tu intellegas,
quia praesens fuisti."
Apollonius accepto codicillo legit et,
ut sensit se a regina amari, erubuit.
Et rex tenens ei manum paululum secessit ab eis iuvenibus
et ait: „Quid est, magister Apolloni, invenisti naufragum?"
Apollonius ait: „Bone rex, si permittis, inveni."
Et his dictis videns rex faciem eius roseo colore perfusam
intellexit dictum et ait gaudens:
„Quod filia mea cupit, hoc est et meum votum."
Et respiciens illos tres iuvenes ait:

consumere, -sumo, -sumpsi, -sumptum	verbrauchen, hinwegraffen
coaetaneus, -i, *m.*	Altersgenosse
erudire, erudio, erudivi, eruditum	unterrichten, ausbilden

erubescere, erubesco, erubui	erröten
paululum *(Adv.)*	ein wenig
secedere, -cedo, -cessi, -cessum	sich entfernen, weggehen

roseus color	Röte
perfundere, -fundo, -fudi, -fusum	übergießen, bedecken

„Certe dixi vobis, quia non apto tempore interpellastis.
Ite, et dum tempus fuerit, mittam ad vos.“
Et dimisit eos a se.
(22) Et tenens manum iam genero, non hospiti,
ingreditur domum regiam.

Arbeitsaufträge

1. Charakterisiere den in diesem Text agierenden König!
2. Nachdem sie vom König abgewiesen wurden, unterhalten sich die drei Heiratsbewerber auf dem Nachhauseweg. Verfasse ihr Gespräch! Beziehe dich auf die Gefühle der Fortgeschickten in Verbindung mit den in diesem Kapitel dargestellten Ereignissen, soweit sie ihnen bekannt sein können.
3. Sucht zu zweit aus dem Text alle *Ablativi absoluti* heraus und erklärt an einem Beispiel den Aufbau dieser Konstruktion!
4. Markiere im Text von *Apollonius acceptis codicillis* bis *pudorem non habet* ca. sechs bis acht deiner Meinung nach zentrale Textstellen und stelle diese in einer Bildfolge dar!
5. Informiere dich in Internet oder Bibliothek über Musikinstrumente und Unterhaltungsmusik in der Antike und bereite ein Referat dazu vor.

interpellastis	= interpellavistis
hospes, -itis, *m.*	Gast(freund), Fremder

Mädchen beim Musizieren mit einer Harfe und einer Zither.
(Museo Archeologico Nazionale, Neapel)

7 Eine Nachricht aus der Vergangenheit

Text 7 Historia Apollonii regis Tyri, 24

Unverzüglich wird der Hochzeitstermin festgesetzt und die Hochzeit in großer Freude gefeiert. Beide lieben sich und leben in großer Harmonie miteinander.

(24) Interpositis autem diebus atque mensibus,
cum haberet puella mense iam sexto eunte ventriculum
deformatum, Apollonius cum spatiatur in litore,
iuncta sibi puellula, vidit navem speciosissimam,
et dum utrique eam laudarent pariter,
recognovit eam Apollonius de sua esse patria;
conversus ait ad gubernatorem:
„Dic mihi, si valeas, unde venisti?"
Gubernator ait: „De Tyro."
Apollonius ait: „Patriam meam nominasti."
Ad quem gubernator ait: „Ergo tu Tyrius es?"
Apollonius ait: „Ut dicis; sic sum."
Gubernator ait: „Vere mihi dignare dicere:
noveras aliquem patriae illius principem Apollonium nomine?"
Apollonius ait: „Ut me ipsum, sic illum novi."
Gubernator non intellexit dictum et ait:
„Sic ego rogo, ut ubicumque eum videris, dic illi
‚laetare et gaude', quia rex saevissimus Antiochus cum filia sua
concumbens dei fulmine percussus est;

interponi	(eine Zeit) verstreichen lassen, vergehen
mensis, -is, *m.*	Monat
ventriculus, -i, *m.*	Bäuchlein
deformare	*hier:* wölben
spatiari, spatior, spatiatus sum	spazieren gehen
iuncta	verbunden
litore	Küste
gubernator, -oris, *m.*	Steuermann
conversus	umdrehen
recognovit	wiedererkennen
nominasti	= nominavisti
dignare dicere	sage mir
ubicumque	überall, wo nur immer
fulmen, -inis, *n.*	Blitz
percutere, -cutio, -cussi, -cussum	treffen, hinrichten

opes autem et regnum eius servantur regi Apollonio."
Apollonius autem ut audivit,
gaudio plenus conversus dixit ad coniugem:
„Domina, quod aliquando mihi naufrago credideras,
modo comprobavi.
Peto itaque, coniunx carissima,
ut me permittas proficisci ad regnum devotum percipiendum."

Arbeitsaufträge

1. Untersuche die Redeanteile, den Inhalt und die Bezüge im Dialog zwischen Apollonius und dem Steuermann!
2. Arbeite heraus, wie sich Apollonius' Freude im Text widerspiegelt!
3. Verfasse einen Zeitungsartikel zum Tod des Königs und seiner Tochter!

comprobare, -probo, -probavi, -probatum	bestätigen
devotus, -a, -um	treu ergeben
percipere, -cipio, -cepi, -ceptum	empfangen

Gelageszene auf einem pompejanischen Fresko (Museo Nazionale, Neapel.)

8 Der Neid einer Frau

Text 8 Historia Apollonii regis Tyri, 30–31

Die Frau beschließt, Apollonius zu begleiten und nimmt wegen der bevorstehenden Niederkunft ihre Amme Lycoris und eine Hebamme mit. Und nach einigen Tagen schenkt sie auf hoher See einer Tochter das Leben. Doch sie selbst hört nach der Geburt auf zu atmen und schweren Herzens lässt Apollonius einen Sarg für sie anfertigen und überlässt sie dem Meer. Er fährt weiter nach Tarsus, wo er Stranguillio und dessen Frau Dionysias wiedertrifft, diesen sein Schicksal erzählt und ihnen seine Tochter Tarsia anvertraut, da sie eine gleichaltrige Tochter haben. Mit seinem Kind lässt er Stranguillio und seiner Frau noch Gold, Silber, Geld und kostbare Kleidung zurück. Und auch die Amme seiner Frau, Lycoris, bleibt bei dem Kind und zieht es in Tarsus auf. Als Tarsia vierzehn Jahre alt ist und von der Schule zurückkehrt, findet sie ihre Amme sterbend vor, erfährt von ihr jedoch noch ihre Herkunft und ihr Schicksal. Ihre Leiche lässt Tarsia bestatten und ein Jahr lang trauert sie um ihre Amme.

(30) Et deposito luctu induit priorem dignitatem et petiit
scholam suam et studia liberalia, et reversa de schola
non prius sumebat cibum nisi primo nutricis suae
monumentum intraret ferens ampullam vini et coronas.
Et ibi manes parentum suorum invocabat.

Geburtsszene auf dem Grabrelief einer Hebamme (re.), Ostia.

dignitatem priorem induere	ihre frühere Schönheit zeigen
studia liberalia	Studien, die einer freien Frau würdig sind
corona, -ae, *f.*	Kranz
manes, -ium, *m.*	Manen, Seelen der Verstorbenen

(31) Et dum haec aguntur, quodam die feriato Dionysias
cum filia sua nomine Philotimiade et Tarsia puella transibat
per publicum.
Videntes omnes cives speciem Tarsiae ornatam dicebant:
„Felix pater, cuius filia est Tarsia, illa vero,
quae adhaeret lateri eius, multum turpis est atque dedecus."
Dionysias vero, ut audivit laudare Tarsiam
et suam vituperare filiam in insaniae furorem conversa est.
Et sedens sola coepit cogitare taliter:
„Pater eius Apollonius ex quo hinc profectus est,
habet annos quattuordecim et numquam venit
ad suam recipiendam filiam nec nobis misit litteras.
Puto, quia mortuus est aut in pelago periit.
Nutrix vero eius decessit. Neminem habeo aemulum.
Non potest fieri nisi ferro aut veneno tollam illam de medio;
et ornamentis eius filiam meam ornabo."
Et dum haec secum cogitat, nuntiatur ei villicum venisse
nomine Theophilum. Quem ad se convocans ait:
„Si cupis habere libertatem cum praemio,
tolle Tarsiam de medio."
Villicus ait: „Quid enim peccavit virgo innocens?"
Scelesta mulier ait: „Iam mihi non pares?
Tantum fac quod iubeo. Sin alias, sentias esse
contra te iratos dominum et dominam."

dies feriatus	Feiertag
adhaerere, -haereo, -haesi, -haesum	an jmdm. hängen
latus, -eris, *n.*	Seite
dedecus, -oris, *n.*	Schande
insania, -ae, *f.*	Wahnsinn, Tollheit
taliter	so beschaffen, derartig
ex quo	seitdem
pelagus, -i, *n.*	Meer
aemulus, -i, *m.*	Rivale, Gegner
de medio tollere	aus dem Weg räumen, beseitigen
villicus, -i, *m.*	Verwalter
peccare, pecco, peccavi	Falsches tun, sündigen
sin alias	*ergänze:* facias

Villicus ait: „Et qualiter hoc potest fieri?“
Scelesta mulier ait: „Consuetudo sibi est,
ut mox cum de schola venerit, non prius cibum sumat,
antequam monumentum suae nutricis intraverit.
Oportet te ibi cum pugione abscondere,
et eam venientem interfice et proice corpus eius in mare.
Et cum adveneris et de hoc facto nuntiaveris,
cum praemio libertatem accipies.“

Arbeitsaufträge

1. Charakterisiere Dionysias!
2. Vergleiche die Darstellung der Dionysias und ihrer Tochter mit der Tarsias!
3. Wähle eine Soap und vergleiche die Personenzeichnung in dieser mit der im Roman! Erstelle zu Soap und Roman jeweils ein Soziogramm (grafische Darstellung der Beziehungen aller Personen)!

qualiter	wie
pugio, -onis, *m.*	Dolch
abscondere, -condo, -condidi, -conditum	verbergen, verstecken

Opferndes Mädchen auf einer Grabstele (Pergamon Museum)

9 „Meine Freiheit für dein Leben?"

Text 9 Historia Apollonii regis Tyri, 31 f.

Villicus tulit pugionem et latere suo celat,
et intuens caelum ait: „Deus, ego non merui libertatem accipere,
nisi per effusionem sanguinis virginis innocentis?"
Et haec dicens suspirans et flens ibat ad monumentum
nutricis Tarsiae et ibi latuit.
Puella autem rediens de schola solito more fudit
ampullam vini et ingressa monumentum posuit coronas supra;
et dum invocat manes parentum suorum,
villicus impetum fecit et aversae puellae capillos apprehendit
et eam iactavit in terram.
Et cum eam vellet percutere, ait ad eum puella:
„Theophile, quid peccavi, ut manu tua innocens virgo moriar?"
Cui villicus ait: „Tu nihil peccasti,
sed pater tuus peccavit Apollonius,
qui te cum magna pecunia et vestimentis regalibus reliquit
Stranguillioni et Dionysiadi."
Quod puella audiens eum cum lacrimis deprecata est:
„Si iam nulla est vitae meae spes aut solacium,
permitte me testari dominum!"
Cui villicus ait:
„Testare. Et deus ipse scit, quod non est voluntate
me hoc scelus facere."

intueri, intueor, intuitus sum	betrachten, anschauen
merere, mereo, merui, meritum	verdienen
suspirare, suspiro, suspiravi, suspiratum	seufzen
solitus, -a, -um	gewohnt
fundere, fundo, fudi, fusum	ausgießen
apprehendere, -prehendo, -prehendi, -prehensum	ergreifen, packen
percutere, -cutio, -cussi, -cussum	erstechen
peccasti	= peccavisti
regalis, -is, -e	königlich
deprecari, deprecor, deprecatus sum	um Gnade bitten, um etw. bitten
solacium, -i, *n.*	Trost
permittere, -mitto, -misi, -missum	erlauben
testari, testor, testatus sum	als Zeugen anrufen

(32) Itaque puella cum dominum deprecatur,
subito advenerunt piratae,
et videntes hominem armata manu velle eam percutere
exclamaverunt dicentes:
„Parce, barbare, parce et noli occidere!
Haec enim nostra praeda est et non tua victima!“
Sed ut audivit villicus vocem, eam dimittit et fugit
et coepit latere post monumentum.
Piratae applicantes ad litus tulerunt virginem
et collocantes in navi altum petierunt pelagus.
Villicus post moram rediit,
et ut vidit puellam raptam a morte,
deo gratias egit, quod non fecit scelus.

Arbeitsaufträge

1. Unterstreiche alle *quod* und bestimme sie!
2. In welchem Dilemma befindet sich der Verwalter?
3. Welche Bedeutung hat an dieser Stelle der Zufall bzw. der Glaube? Welche Rolle hat er bis zu dieser Stelle gespielt?

dimittere, -mitto, -misi, -missum	loslassen
applicare, applico, applicavi, applicatum	anlegen, landen
post moram	nach einer Weile

M 10 Fluch der Karibik

Johnny Depp und Orlando Bloom in „Fluch der Karibik“. (© Disney / Cinetext)

10 Die Macht einer Frau

Text 10 Historia Apollonii regis Tyri, 35–36

Als der Verwalter wieder zu Dionysias kommt und sie um seine versprochene Freiheit bittet, schickt sie ihn unter dem Vorwurf, gemordet zu haben, wieder an seine Arbeit. Hiernach weiht Dionysias ihren Mann in das Geschehene ein und bittet ihn, Trauerkleidung anzuziehen und eine Beerdigung für Tarsia auszurichten, um das begangene Verbrechen zu vertuschen. Schweren Herzens stimmt Stranguillio seiner Frau zu.

Die Piraten bringen Tarsia indessen jedoch nach Mytilene, wo sie ein Kuppler gegen den ebenfalls sehr interessierten Athenagoras, den Fürsten dieser Stadt, ersteigert. Im Bordell kommt als erster Gast Athenagoras zu ihr, doch schafft es Tarsia, sein Herz zu erweichen und ihre Jungfräulichkeit zu bewahren. Er gibt ihr sogar noch vierzig Goldstücke. Auch die weiteren Gäste kann Tarsia für sich gewinnen. Als ihr Kuppler jedoch nach einigen Tagen hört, dass sie immer noch Jungfrau ist, wird er böse und setzt den Aufseher auf sie an:

(35) Statim eam villicus duxit in suum cubiculum et ait ad eam: „Verum mihi dic, Tarsia, adhuc virgo es?“

Tarsia puella ait: „Quamdiu vult deus, virgo sum.“

Villicus ait: „Unde ergo his duobus diebus tantam pecuniam abstulisti?“

¶ Wie Tarsia die iungfraw in der statt Mittilen in das gemein frawenhauß verkaufft ward.

Holzschnitt aus „Apollonius von Tyrus“, 1461, Herzog August Bibliothek Wolfenbüttel

villicus, -i, m.	Aufseher
adhuc *(Adv.)*	(bis jetzt) noch
virgo, -inis, *f.*	Jungfrau
quamdiu	solange
afferre, affero, attuli, allatum	wegnehmen; *hier:* schöpfen

Puella dixit: „Lacrimis meis exponens ad omnes universos
casus meos et illi dolentes miserti sunt virginitati meae."
Et prostravit se ad pedes eius et ait:
„Miserere mei, domine, subveni captivae regis filiae!"
Cumque ei universos casus suos exposuisset,
motus misericordia ait ad eam:
„Nimis avarus est iste leno; nescio si tu possis virgo permanere."
(36) Puella respondit:
„Habeo auxilium studiorum liberalium, perfecte erudita sum;
similiter et lyrae pulsu modulor in ludo.
Iube crastina die in frequenti loco poni scamna,
et facundia sermonis mei spectaculum praebeo;
deinde plectro modulabor
et hac arte ampliabo pecunias cotidie."
Quod cum fecisset villicus, tanta populi acclamatio
tantusque amor civitatis circa eam excrebuit,
ut et viri et feminae cotidie ei multa conferrent.
Athenagoras autem princeps memoratam Tarsiam
integrae virginitatis et generositatis ita eam custodiebat
ac si unicam suam filiam,
ut villico multa donaret et commendaret eam.

lacrima, -ae, *f.*	Träne
virginitas, -atis, *f.*	Jungfräulichkeit
subvenire, -venio, -veni, -ventum	helfen, beistehen
captivus, -a, -um	gefangen
nimis *(Adv.)*	allzu, zu
avarus, -a, -um	habgierig, geizig
leno, -onis, *m.*	Kuppler
permanere	= manere
liberalis, -e	frei
lyrae pulsu modulor in ludo	ich schlage die Laute melodisch
crastinus, -a, -um	morgig
frequens, -ntis	vielbesucht
scamnum, -i, *n.*	Schemel, Bank
facundia sermonis	Redegewandtheit
plectrum, -i, *n.*	Laute, Schlegel
modulari, modulor, modulatus sum	melodisch spielen
ampliare, amplio, -avi, -atum	erweitern, vergrößern
acclamatio, -onis, *f.*	Zuruf; Beifall
excrebescere, excrebesco, excrebui	sich vermehren, anwachsen
conferre, confero, contuli, collatum	*hier:* zukommen lassen
memorare, memoro, -avi, -atum	erwähnen, rühmen
integer, -gra, -grum	unversehrt, unbefleckt
unicus, -a, -um	einzig(artig)
commendare, commendo, -avi, -atum	anvertrauen, übergeben

Arbeitsaufträge

1. Lies dir den Einleitungstext sorgfältig durch. Schreibe danach einen Dialog zwischen dem Aufseher und Tarsia, in dem das angedeutete Problem näher erläutert und begründet wird!

2. a) Notiere (lateinisch) zentrale Aspekte der Bitte, die Tarsia an den Aufseher richtet bzw. des Angebots, das sie ihm macht!
   b) Wie reagieren die Mitmenschen auf Tarsias folgendes Verhalten?

Liebesszene aus einer römischen Villa, um 350 v. Chr.
(© Erich Lessing, AKG, Berlin)

Gelageszene auf einem pompejanischen Fresko (Museo Nazionale, Neapel)

11 Tarsias Rätsel

Text 10 Historia Apollonii regis Tyri, 42

Während Tarsia dies in Mytilene erlebt, kommt Apollonius nach 14 Jahren zurück nach Tarsus und hört dort von dem Tod seiner Tochter. Tief betroffen nimmt er all sein Hab und Gut wieder an sich. Doch vor dem Grab seiner Tochter stehend kann er nicht weinen und ihren Tod nicht anerkennen. Sich selbst verfluchend macht er sich auf nach Tyrus und gelangt nach Mytilene, wo gerade das Neptunfest gefeiert wird, in dessen Verlauf die Mannschaft des Apollonius König Athenagoras auf dessen Schiff einlädt. Als Athenagoras dort den Namen des trauernden Schiffseigentümers, Apollonius, hört, stutzt er, denn auch Tarsia nannte diesen Namen. Sogleich lässt er Tarsia holen, um Apollonius aufzumuntern und ihm den Lebensmut wiederzugeben. Sie versucht, den traurigen Mann mit Rätseln aufzuheitern.

(42) Et ait ad eum Tarsia:

„Est domus in terris clara quae voce resultat.
Ipsa domus resonat, tacitus sed non sonat hospes.
Ambo tamen currunt, hospes simul et domus una.

Si ergo, ut adseris, rex es in patria tua
(nihil enim rege prudentius esse convenit),
solve mihi quaestionem.“

¶ Wie Appolonius in Tarsiam kam sein tochter zů reihē vñ wie er sy nit fād des er gar leydig ward.

Holzschnitt aus „Apollonius von Tyrus“, 1461, Herzog August Bibliothek Wolfenbüttel

resultare, -sulto, -sultavi, -sultatum	widerhallen
currere	*hier:* sich bewegen
adserere, -sero, -serui, -sertum	etw. beanspruchen
convenit	es ziehmt sich

Et agitans caput Apollonius ait: „Ut scias me non esse mentitum:
Domus, quae in terris sonat, unda est;
hospes huius domus tacitus piscis est,
qui simul cum domo currit."
Admiratur puella hinc in explanatione magna vere regem esse,
et acrioribus eum quaestionibus pulsat et ait:

> „Dulcis amica ripae semper vicina profundis,
> suave canens Musis, nigro perfusa colore
> nuntia sum linguae digitis signata magistri."

Et ait ad eam Apollonius: „Dulcis amica dei,
quae cantus suos mittit ad caelum, canna est,
ripae semper vicina, quia iuxta aquas sedes collocatas habet.
Haec nigro perfusa colore nuntia est linguae,
ex qua natum quod per eam transit."
Item ait ad eum puella:

> „Longa feror velox formosae filia silvae,
> innumera pariter comitum stipata caterva.
> Curro vias multas, vestigia nulla relinquo."

Item agitans caput Apollonius ait ad eam:
„O si liceret mihi longum deponere luctum,
ostenderem tibi, quae ignoras.
Tamen respondeo quaestionibus tuis: miror enim te
in tam tenera aetate talem prudentiam habere.
Nam longa, quae fertur arbor, est navis, formosae filia silvae;

mentiri, mentior, mentitus sum	lügen
hinc	da
explanatio, -onis, *f.*	Deutung, Erklärung
pulsare	*hier:* jmdm. zusetzen
profundum, -i, *n.*	Tiefe, Meer
perfundere, -fundo, -fudi, -fusum	übergießen, erfüllen
digitus, -i, *m.*	Finger, Zehe
signare, signo, signavi, signatum	versiegeln
canna, -ae, *f.*	Schilf, Rohrflöte
velox, -ocis	schnell
formosus, -a, -um	schön
stipare, stipo, stipavi, stipatum	dicht umdrängen, aufhäufen
caterva, -ae, *f.*	Schar

fertur velox vento pellente, stipata catervis;
currit vias multas, sed vestigia nulla relinquit."
Item puella inflammata prudentia solutionum ait ad eum:
„Per totas aedes innoxius introit ignis;
Circumdat flammis hinc inde nec uror.
Nuda domus est et nudus convenit hospes."
Ait ad eam Apollonius: „Ego si istum luctum possem deponere,
innoxius intrarem per istum ignem.
Intrarem enim balneum,
ubi hinc inde flammae per tubulos surgunt;
ubi nuda domus est, quia nihil intus habet praeter sedilia;
ubi nudus sine vestibus ingreditus hospes."
Item ait ad eum puella:
„Mucro mihi geminus ferro coniungitur unco.
Cum vento luctor, cum gurgite pugno profundo.
Scrutor aquas medias, imas quoque mordeo terras."
Respondit ei Apollonius:
„Quae te sedentem in hac nave continet, ancora est,
quae mucrone gemino ferro coniungitur unco;
quae cum vento luctatur et cum gurgite profundo;
quae aquas medias scrutatur,
imas quoque morsu tenens terras."

innoxius, -a, -um	harmlos
tubulus, -i, *m.*	kleine Röhre
surgere, surgo, surrexi, surrectum	aufsteigen, sich erheben
sedile, -is, *n.*	Sessel, Stuhl
mucro, -onis, *m.*	Spitze (eines Dolches)
geminus, -a, -um	zweifach, doppelt
uncus, -a, -um	gekrümmt
gurges, -itis, *m.*	Strudel, Abgrund
profundus, -a, -um	tief
scrutari, scrutor, scrutatus sum	durchstöbern
imus, -a, -um	der unterste, tiefste
mordere, mordeo, momordi, morsum	beißen, etw. fassen
luctari, luctor, luctatus sum	kämpfen

Arbeitsaufträge

1. Übersetzt in Gruppenarbeit arbeitsteilig die einzelnen Abschnitte und informiert euch im Internet bzw. in der Bibliothek weiter über das in dem jeweiligen Abschnitt angesprochene Thema! Veranstaltet dann ein Quiz!
2. Recherchiert, in welchen anderen antiken bzw. zeitgenössischen Texten Rätsel eine Rolle spielen und informiert euch gegenseitig über eure Ergebnisse!

¶ Wie Athanagoras d̉ küng Tarsiam berüfft vnd wie vil er ir verhieß wañ sy in frölicher mächt

Holzschnitt aus „Apollonius von Tyrus“, 1461, Herzog August Bibliothek Wolfenbüttel

Griechisches Vasenbild, ca. 475 v. Chr.
(Vatikanische Museen, Rom)

12 Ein Schlag und seine Folgen

Text 12 Historia Apollonii regis Tyri, 45

Nach weiteren Rätseln bittet Apollonius Tarsia, mit diesem Spiel aufzuhören, da er in Trauer sei, und gibt ihr Gold, damit sie geht. Tarsia nimmt dieses jedoch nicht an und möchte Apollonius ans Licht ziehen. Da gibt er ihr einen Stoß, dass sie heftig hinfällt, in Tränen ausbricht und ihr Schicksal erzählt:

(45) Cumque haec et his similia puella flens diceret,
in amplexu illius ruens Apollonius coepit flere
prae gaudio ei dicere:
„Tu es filia mea Tarsia, tu es spes mea unica,
tu es lumen oculorum meorum,
consciusque flens per quattuordecim annos matrem tuam lugeo.
Iam laetus moriar, quia rediviva spes mihi est reddita."

amplexus, -us, *m.*	Umarmung
ruere, ruo, rui, rutum	sich stürzen
lugere, lugeo, luxi, luctum	trauern
redivivus, -a, -um	wieder lebendig geworden, wieder erneuert

Arbeitsaufträge

Untersuche die folgende Textstelle stilistisch und setze die sprachlichen Mittel in Bezug zum Inhalt!

13 Ein Traum weist den Weg

Text 13 Historia Apollonii regis Tyri, 48 f.

Apollonius ruft seine Mannschaft zusammen und legt seine Trauerkleidung ab. Und als Athenagoras ihn um die Hand seiner Tochter bittet, stimmt er erfreut zu und die Hochzeit wird groß gefeiert. Der Kuppler wird jedoch hart bestraft.

(48) Et exinde cum suis omnibus et cum genero atque filia
navigavit, volens per Tarsum proficiscendo
redire ad patriam suam.
Vidit in somnis quendam angelico habitu sibi dicentem:
„Apolloni, dic gubernatori tuo, ad Ephesum iter dirigat;
ubi dum veneris, ingredere templum Dianae cum filia et genero,
et omnes casus tuos, quos a iuvenili aetate es passus,
expone per ordinem.
Post haec veniens Tarsum vindica innocentem filiam tuam."
Expergefactus Apollonius excitat filiam et generum
et indicat somnium. At illi dixerunt:
„Fac, domine, quod iubet."
Ille vero iubet gubernatorem suum Ephesum petere.
Perveniunt felici cursu.
Descendens Apollonius cum suis templum Dianae petit,
in quo templo coniunx eius inter sacerdotes
principatum tenebat.

exinde *(Adv.)*	darauf
somnus, -i, *m.*	Schlaf, Traum
angelicus habitus	engelsgleiche Erscheinung
gubernator, -oris, *m.*	Steuermann
iter dirigere	den Kurs lenken
ingredi, -gredior, gressus sum	betreten
iuvenilis, -e	jugendlich
per ordinem	der Reihe nach
vindicare, -o, -avi, -atum	rächen
innocens, -ntis	unschuldig
expergefacere, -facio, -feci, -factum	aufwecken
excitare, excito, -avi, -atum	*hier:* aufwecken
somnium, -i, *n.*	Traum
felix, felicis	glücklich
cursus, -us, *m.*	Fahrt, Kurs
sacerdos, -otis, *m./f.*	Priester(in)
principatum tenere	eine führende Stellung einnehmen

Erat enim effigie satis decora et omni castitatis amore assueta,
ut nulla tam grata esset Dianae nisi ipsa.
Interveniens Apollonius in templum Dianae cum suis,
rogat sibi aperiri sacrarium,
ut in conspectu Dianae omnes casus suos exponeret.
Nuntiatur hoc illi maiori omnium sacerdotum,
venisse nescio quem regem cum genero et filia
cum magnis donis,
et talia volentem in conspectu Dianae recitare.
At illa audiens regem advenisse,
induit se regium habitum, ornavit caput gemmis,
et in veste purpurea venit, stipata catervis famularum.
Templum ingreditur.
Quam videns Apollonius cum filia sua et genero corruerunt
ante pedes eius.
Tantus enim splendor pulchritudinis eius emanabat,
ut ipsam esse putarent deam Dianam.
Interea aperto sacrario oblatisque muneribus coepit
in conspectu Dianae haec effari atque cum fletu magno dicere:
„Ego cum in adulescentia mea rex novus Tyrius appellarer
et ad omnem scientiam pervenissem,
quae a nobilibus et regibus exerceretur,
regis iniqui Antiochi quaestionem exsolvi,
ut filiam eius in matrimonio acciperem.

effigies, -ei, *f.*	Gestalt, Erscheinung
satis *(Adv.)*	*hier:* recht
decorus, -a, -um	reizend, schön
castitas, -atis, *f.*	Keuschheit
assuetus, -a, -um	gewohnt (an)
intervenire, -venio, -veni, -ventum	erscheinen, schreiten
sacrarium, -i, *n.*	Heiligtum, Tempel
in conspectu	vor den Augen
se induere, induo, indui, indutum	sich anziehen, anlegen
ornare, orno, ornavi, ornatum	schmücken
gemma, -ae, *f.*	Edelstein
purpureus, -a, -um	purpurn
stipatus, -a, -um	(dicht) umringt
caterva, -ae, *f.*	Schar
famula, -ae, *f.*	Dienerin
corruere, corruo, -rui, -ruiturus	zu Boden stürzen, sich zu Boden werfen
splendor, -oris, *m.*	Glanz
emanare, emano, emanavi, emanatum	sich verbreiten, ausgehen von
effari, effor, effatus sum	aussprechen
fletus, -us, *m.*	Weinen

Sed ille foedissima sorde sociatus ei,
cuius pater a natura fuerat constitutus,
per impietatem coniunx effectus est atque
me machinabatur occidere.
Quem dum fugio, naufragus factus sum
et eo usque a Cyrenensi rege Archistrate susceptus sum,
ut filiam suam meruissem accipere.
Quae mecum ad regnum percipiendum venire desiderans,
hanc filiam parvulam, quam coram te, magna Diana,
praesentari in somnis angelo admonente iussisti.
Postquam in navi eam peperit, emisit spiritum.
Indui eam honestum regium dignumque habitum sepulturae
et in loculum deposui cum viginti sestertiis auri,
ut ubi inventa fuisset, ipsa sibi testis esset,
ut digne sepeliretur.
Hanc vero meam filiam commendavi iniquissimis hominibus
Stranguillioni et Dionysiadi et luxi in Aegypto
per annos quattuordecim uxorem flens fortiter,
et postea venio, ut filiam meam reciperem.
Dixerunt mihi, quod esset mortua.
Iterum cum redivivo involverer luctu, post matris atque filiae
mortem capienti exitum vitam mihi reddidisti."
(49) Cumque haec et his similia Apollonius narrans diceret,
mittit vocem magnam clamans uxor eius dicens:

foedus, -a, -um	hässlich, grässlich
sordes, -dis, *f.*	Gemeinheit, Schmutz
sociare, socio, sociavi, sociatum	vereinigen, verbinden
impietas, -atis, *f.*	Unrecht, Pflichtvergessenheit
coniunx effici	Gatte werden
machinari, machinor, machinatus sum	ersinnen
eo usque	bis zu dem Grad
suscipere, -cipio, -cepi, -ceptus	anerkennen, aufnehmen
merere, mereo, merui, meritum	verdienen
regnum percipere	die Herrschaft übernehmen
parere, pario, peperi, partum	erzeugen, gebären, gewinnen
spiritum emittere	sterben
sepultura, -ae, *f.*	Begräbnis, Toten-
loculus, -i, *m.*	Sarg, Kiste
testis, -is, *m.*/*f.*	Zeuge, Zeugin
sepelire, -pelio, -pelivi, -pultum	bestatten, beerdigen
lugere, lugeo, luxi	trauern, betrauern
redivivus, -a, -um	erneuert, wiederbelebt
involvere, -volvo, -volvi, -volutum	hüllen in, übermannen
luctus, -us, *m.*	Trauer
exitus, -us, *m.*	Tod
reddere, reddo, reddidi, redditum	zurückgeben

„Ego sum coniunx tua Archistratis regis filia!“
Et mittens se in amplexus eius coepit dicere:
„Tu es Tyrius Apollonius meus, tu es magister, qui me docuisti,
tu es qui me a patre meo Archistrate accepisti,
tu es quem adamavi non libidinis causa, sed sapientiae ducem!
Ubi est filia mea?“
Et ostendit ei Tarsiam et dixit ei: „Ecce, haec est.“
Sonat in tota Epheso Tyrium Apollonium recognovisse suam coniugem, quam ipsi sacerdotem habebant.

se in amplexus mittere	sich in die Arme werfen
adamare, adamo, adamavi, adamatum	lieben lernen, lieb gewinnen

Arbeitsaufträge

1. Entnimm dem ersten Textabschnitt sämtliche Imperative und gegebenenfalls Ergänzungen und übersetze diese!
2. Teilt euch in Gruppen auf! Übersetzt jeweils einen der folgenden Abschnitte, sodass ihr euch am Ende gegenseitig über den restlichen Handlungsverlauf des Kapitels informieren könnt! (1. Abschnitt: *Interea aperto sacrario ... suam meruisse accipere;* 2. Abschnitt: *Quae mecum ad regnum ... vitam mihi reddidisti;* 3. Abschnitt: *Cumque haec ... sacerdotem habebant.)*
3. Lest den Text ab *Interea aperto ...:* Welche bereits im Roman erzählten Ereignisse werden genannt?

14 Und dann?

Text 10 Historia Apollonii regis Tyri, 50

Die Wiedervereinigung der Familie wird freudig gefeiert. Schließlich besteigt Apollonius mit seiner Frau, seiner Tochter und seinem Schwiegersohn ein Schiff nach Tarsus. Dort lässt er Stranguillio und Dionysias festnehmen und nach der Aufdeckung ihrer Verbrechen töten. Daraufhin segelt die wiedervereinte Familie nach Cyrene zu König Archistrates, dem Schwiegervater des Apollonius, der überglücklich ist, seine Tochter lebendig zu sehen. Nach seinem Tod hinterlässt er sein Reich zu gleichen Teilen Apollonius und dessen Frau. Eines Tages trifft Apollonius zufällig den Fischer, der ihn nach seinem Schiffbruch rettete, und lässt ihn reich beschenken.

(51) His rebus expletis genuit de coniuge sua filium,
quem regem in loco avi sui Archistratis constituit.
Ipse autem cum sua coniuge vixit annis septuaginta quattuor,
regnavit et tenuit regnum Antiochiae et Tyri
et quietam atque felicem vitam vixit cum coniuge sua.
Peractis annis, quot superius diximus,
in pace atque senectute bona defuncti sunt.

© cinetext Bildarchiv

in loco avi	anstelle des Großvaters
vivere, vivo, vixi, victurus	leben
regnum tenere	herrschen, die Herrschaft innehaben
peragere, -ago, -egi, -actum	vollenden, verbringen, verleben
defungi, defungor, defunctus sum	*hier:* sterben

Arbeitsauftrag

Welche Passagen des Romans weisen märchenhafte Züge auf? Zeige, inwieweit auch am Schluss des Romans Märchenelemente auftauchen!

Lernvokabular

1 Liebe und Gefühle

amare, amo, amavi, amatum	lieben
amor, -oris, *m.*	Liebe
amicus, -i, *m.*	Freund, *(Adjektiv)* freundlich
contemnere, -temno, -tempsi, -temptum	verachten
conturbare, conturbo, conturbavi, conturbatum	verwirren
crudelitas, -atis, *f.*	Grausamkeit
cupiditas, -atis, *f.*	Begierde, Verlangen
diligere, diligo, dilexi, dilectum	schätzen, verehren, lieben
dolere, doleo, dolui, doliturus	Schmerz empfinden, trauern
favere, faveo, favi, fautum	gewogen sein, begünstigen
flamma concupiscentiae	Leidenschaft
furor, -oris, *m.*	*hier:* Leidenschaft
gaudere, gaudeo, gavisus sum	sich freuen
gaudium, -i, *n.*	Freude
iratus, -a, -um	zornig
libido, -inis, *f.*	Begierde, Lust
lugere, lugeo, luxi	trauern, betrauern
misericordia, -ae, *f.*	Mitleid
misereri, misereor, miseritus sum	bemitleiden, sich erbarmen

pietas, -atis, *f.*	Liebe, Pflichtgefühl, Frömmigkeit
pius, -a, -um	liebevoll, pflichtgetreu, fromm

2 Schifffahrt

ancora, -ae, *f.*	Anker
attingere, -tingo, -tigi, -tactum	erreichen, betreten
litus, -oris, *n.*	Strand, Küste
mare, maris, *n.*	Meer
naufragus, -i, *m.*	Schiffbrüchiger
nauta, -ae, *m.*	Seemann
navem tendere	ein Schiff besteigen
navigare, navigo, navigavi, navigatum	segeln, zur See fahren
navis, -is, *f.*	Schiff
pelagus, -i, *n.*	Meer
pervenire, pervenio, perveni, perventum	gelangen, (hin-)kommen
pirata, -ae, *m.*	Seeräuber, Pirat
piscator, -oris, *m.*	Fischer
tempestas, -atis, *f.*	Sturm, Unwetter
tranquillus, -a, -um	ruhig, still
unda, -ae, *f.*	Welle, Woge
vehere, veho, vexi, vectum	ziehen, fahren, bewegen
velum, -i, *n.*	Segel

3 Verbrechen, Strafe, Unglück

aemulus, -i, *m.*	Gegner, Nebenbuhler
calamitas, -atis, *f.*	Unglück, Niederlage
caligo, -inis, *f.*	Elend, Dunkelheit
contumelia, -ae, *f.*	Schmach, Beleidigung
corpus, -oris, *n.*	Körper, Leiche
crudelis, -e	grausam
crudelitas, -atis, *f.*	Grausamkeit
deceptor, -oris, *m.*	Betrüger
decollare, decollo, decollavi, decollatum	köpfen
deprecari, deprecor, deprecatus sum	um Gnade bitten
ferrum, -i, *n.*	Eisen, Waffe
gemitus, -us, *m.*	Seufzen
innocens, -ntis	unschuldig
innoxius, -a, -um	unschuldig, harmlos
interficere, -ficio, -feci, -fectum	töten
iustus, -a, -um	gerecht
maeror, -oris, *m.*	Trauer, Betrübnis
naufragium, -i, *n.*	Schiffbruch
occidere, occido, occidi, occisum	niederhauen, töten
parcere, parco, peperci, parsurus	schonen
peccare, pecco, peccavi, peccatum	sündigen, einen Fehler machen

percutere, percutio, percussi, percussum	treffen, richten, erstechen
praeda, -ae, *f.*	Beute
pugio, -onis, *m.*	Dolch
raptare, rapto, raptavi, raptatum	rauben
scelestus, -a, -um	verbrecherisch
scelus, -eris, *n.*	Verbrechen, Frevel
de medio tollere	aus dem Weg räumen, beseitigen
venenum, -i, *n.*	Gift
vestigium, -i, *n.*	Spur

4 kleine Wörter

adhuc	bisher, bis jetzt, noch immer
aliquando	irgendwann einmal, einmal
aliter	anders, auf andere Weise
at	aber, jedoch
atque	und noch, und sogar
aut	oder
autem	aber, jedoch, andererseits
cotidie	täglich
diu	lange
dum	während
enim	denn, nämlich
ergo	also, folglich
exinde	von daher, hierauf, dann
forsitan	vielleicht

forte	zufällig
hinc	von hier aus, daher, dann, darauf
iam	schon
ibidem	ebendort
igitur	also
immo	aber, im Gegenteil
inde	von da an
interea	inzwischen, unterdessen
ita	so
itaque	daher, deshalb
item	ebenso
iterum	wiederum, zum zweiten Mal
modo	eben
mox	bald
nec	und nicht, auch nicht
nihil	nichts
nisi	wenn nicht, außer
nondum	noch nicht
numquam	niemals
nunc	nun, jetzt
pariter	gleichzeitig
paululum	ein wenig
primo	zuerst
prius	eher, früher
quam	wie, *beim Vergleich:* als
quamdiu	wie lange
quasi	als wenn, gleich wie, wie
quia	weil

quis	wer
quid	was
quoniam	da ja
quoque	auch
sed	aber, sondern
si	wenn, falls
sic	so
simul	zugleich
statim	auf der Stelle, sofort
subito	plötzlich
talis	so beschaffen, so
taliter	so beschaffen, derartig
tam	so
tamen	dennoch, trotzdem
ubi	wo
ubicumque	wo auch immer, überall
una	zusammen
unde	woher
undique	von allen Seiten
valde	sehr
vel	oder
vere	wahrhaftig
vero	aber

Literaturtipps

Friedländer, L.: *Sittengeschichte Roms.* Ungekürzte Textausgabe. Essen 1984.

Landbeck, Hanne: *Generation Soap. Mit deutschen Seifenopern auf dem Weg zum Glück.* Berlin 2002

Süß, P./Kosack, G.: *Daily Soaps. Macher, Fans & Stars.* München 2000.

Weeber, K.-W.: *Alltag im Alten Rom: ein Lexikon.* Zürich 1995.

Notizen

Notizen

Ihre Meinung ist uns wichtig!

Ihre Anregungen sind uns immer willkommen. Bitte informieren Sie uns mit diesem Schein über Ihre Verbesserungsvorschläge!

Titel-Nr.	Seite	Vorschlag

Bitte hier abtrennen

Die echten Hilfen zum Lernen ...

STARK

Bitte hier abtrennen

Zutreffendes bitte ankreuzen! Die Absenderin/der Absender ist:

- ☐ Lehrer/in in den Klassenstufen: ____
- ☐ Fachbetreuer/in
  Fächer: ____
- ☐ Seminarlehrer/in
  Fächer: ____
- ☐ Regierungsfachberater/in
  Fächer: ____
- ☐ Oberstufenbetreuer/in
- ☐ Schulleiter/in
- ☐ Leiter/in Lehrerbibliothek
- ☐ Leiter/in Schülerbibliothek
- ☐ Referendar/in, Termin 2. Staatsexamen: ____
- ☐ Sekretariat
- ☐ Schüler/in, Klasse: ____
- ☐ Elternteil
- ☐ Sonstiges: ____

Kennen Sie Ihre Kundennummer? Bitte hier eintragen.

Absender (Bitte in Druckbuchstaben!)

Name/Vorname

Straße/Nr.

PLZ/Ort

Telefon privat

Geburtsjahr

E-Mail

Schule/Schulstempel (Bitte angeben!)

Unterrichtsfächer: (Bei Lehrkräften!)

STARK Verlag
Postfach 1852
85318 Freising

18-V1M

Bitte ausfüllen und im frankierten Umschlag an uns einsenden. Für Fensterkuverts geeignet.

Sicher durch alle Klassen!

Mathematik – Training

Mathematik – Übertritt an weiterführende Schulen .... Best.-Nr. 90001
Mathematik 5. Klasse Bayern .... Best.-Nr. 90005
Mathematik 5. Klasse Baden-Württemberg .... Best.-Nr. 80005
Mathematik 5. Klasse .... Best.-Nr. 900051
Klassenarbeiten Mathematik 5. Kl. .... Best.-Nr. 900301
Mathematik 6. Klasse .... Best.-Nr. 900062
Bruchzahlen und Dezimalbrüche .... Best.-Nr. 900061
Algebra 7. Klasse .... Best.-Nr. 900111
Geometrie 7. Klasse .... Best.-Nr. 900211
Mathematik 8. Klasse .... Best.-Nr. 900121
Lineare Gleichungssysteme .... Best.-Nr. 900122
Algebra 9. Klasse .... Best.-Nr. 90013
Geometrie 9. Klasse .... Best.-Nr. 90023
Klassenarbeiten Mathematik 9. Kl. .... Best.-Nr. 900331
Algebra 10. Klasse .... Best.-Nr. 90014
Geometrie 10. Klasse .... Best.-Nr. 90024
Klassenarbeiten Mathematik 10. Kl. Best.-Nr. 900341
Potenzen und Potenzfunktionen .... Best.-Nr. 900141
Wiederholung Algebra .... Best.-Nr. 90009
Wiederholung Geometrie .... Best.-Nr. 90010
Kompakt-Wissen Algebra .... Best.-Nr. 90016
Kompakt-Wissen Geometrie .... Best.-Nr. 90026

Deutsch – Training

Leseverstehen 5./6. Klasse .... Best.-Nr. 90410
Rechtschreibung und Diktat 5./6. Klasse mit CD .... Best.-Nr. 90408
Grammatik und Stil 5./6. Klasse .... Best.-Nr. 90406
Aufsatz 5./6. Klasse .... Best.-Nr. 90401
Grammatik und Stil 7./8. Klasse .... Best.-Nr. 90407
Aufsatz 7./8. Klasse .... Best.-Nr. 90403
Aufsatz 9./10. Klasse .... Best.-Nr. 90404
Deutsche Rechtschreibung 5.–10. Klasse .... Best.-Nr. 90402
Übertritt in die Oberstufe .... Best.-Nr. 90409
Kompakt-Wissen Rechtschreibung .... Best.-Nr. 944065
Kompakt-Wissen Deutsch Aufsatz Unter-/Mittelstufe .... Best.-Nr. 904401
Lexikon zur Kinder- und Jugendliteratur .... Best.-Nr. 93443

Physik

Physik – Mittelstufe 1 .... Best.-Nr. 90301
Physik – Mittelstufe 2 .... Best.-Nr. 90302

Latein

Latein I/II im 1. Lernjahr 5./6. Kl. .... Best.-Nr. 906051
Latein I/II im 2. Lernjahr 6./7. Kl. .... Best.-Nr. 906061
Latein I/II im 3. Lernjahr 7./8. Kl. .... Best.-Nr. 906071
Übersetzung im 1. Lektürejahr .... Best.-Nr. 906091
Wiederholung Grammatik .... Best.-Nr. 94601
Wortkunde .... Best.-Nr. 94603
Kompakt-Wissen Kurzgrammatik .... Best.-Nr. 906011

Latein Lektüren

Seneca: *Epistulae morales ad Lucilium* – Buch 1 .... Best.-Nr. 260001
Rom und die Christen .... Best.-Nr. 260003
Phaedrus: Fabeln .... Best.-Nr. 260004
Die Frau im antiken Rom .... Best.-Nr. 260005
Apollonius – eine antike Soap? .... Best.-Nr. 260006
Antike Medizin .... Best.-Nr. 260007
Petri Abaelardi Historia Calamitatum Best.-Nr. 260008

Französisch

Französisch im 1. Lernjahr .... Best.-Nr. 905502
Rechtschreibung und Diktat 1./2. Lernjahr mit 2 CDs .... Best.-Nr. 905501
Französisch im 2. Lernjahr .... Best.-Nr. 905503
Französisch im 3. Lernjahr .... Best.-Nr. 905504
Französisch im 4. Lernjahr .... Best.-Nr. 905505
Wortschatzübung Mittelstufe .... Best.-Nr. 94510
Kompakt-Wissen Kurzgrammatik .... Best.-Nr. 945011
Kompakt-Wissen Grundwortschatz .... Best.-Nr. 905001

Französisch Lektüren

Sibylle Treugut: *Aventure en Corse et autres contes et nouvelles* – Mittelstufe .... Best.-Nr. 255002
Emmy Muguet/Christiane Heller-Doyère: *Sur la trace des ours et autres contes et nouvelles* – Mittelstufe .... Best.-Nr. 255004

(Bitte blättern Sie um)